Société d'Agriculture, Sciences et Arts d'Angers.

NOTICE

SUR LES

PEINTURES ET SCULPTURES

ANCIENNES ET MODERNES,

EXPOSÉES A L'HOTEL DE LA PRÉFECTURE.

1842.

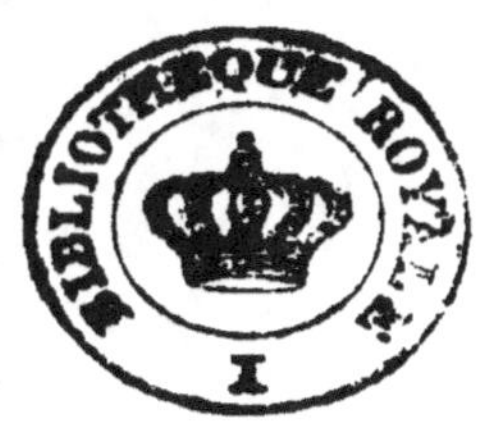

ANGERS,

VICTOR PAVIE, IMPRIMEUR DE LA SOCIÉTÉ.

1842

Déjà des Expositions de Peinture et Sculpture modernes ont eu lieu à Angers. Celles-ci ont offert aux yeux du public les œuvres seulement produites dans notre pays, et, sous ce point de vue, beaucoup de talents illustres se trouvaient exclus du concours. La Société, pour donner un nouvel éclat à ce genre de solennité, a cru devoir faire un appel général.

D'un autre côté, elle a pensé qu'elle serait également agréable à ses concitoyens, en formant une seconde Exposition de Peinture et Sculpture anciennes. Elle s'est persuadée que l'effet de la première avait été de faire rechercher, par chacun, les œuvres de nos pères, parfois oubliées, que de précieux cabinets d'antiquités avaient dû s'enrichir, que d'autres s'étaient peut-être formés, et qu'aussi quelques personnes qui n'avaient pas exposé en 1839, dans leur doute de voir réussir une exhibition d'un nouveau genre, seraient disposées à apporter leur tribut cette année.

Convaincue que cette double Exposition présenterait un nouvel intérêt, la Société a procédé à la rédaction du programme suivant :

PROGRAMME.

Art. 1.er

La Société d'Agriculture, Sciences et Arts d'Angers, dans sa séance du 4 février, a décidé qu'il serait fait à Angers une Exposition de Peinture et de Sculpture anciennes et modernes.

Art. 2.

Une Commission composée de quinze membres, et prise dans le sein de la Société, sera chargée de pourvoir aux moyens d'exécution.

Art. 3.

Cette Exposition comprendra, par extension de la Peinture, les lavis, dessins, gravures, les peintures sur verre, porcelaine ou métaux, etc. ; et par extension de la Sculpture, les ouvrages modelés en argile, coulés en plâtre ou en métal, ciselés, etc.

Art. 4.

Des médailles en vermeil, argent et bronze, frappées au coin de la Société, et des mentions sur parchemin, revêtues de son cachet, seront décernées dans une proportion que la Société déterminera ultérieurement d'après le nombre ou l'importance des œuvres.

Art. 5.

Il sera délivré un récépissé à chacun des exposants.

Art. 6.

Le plus grand soin sera apporté au maniement des objets, et à cet effet la Commission choisira des gens connus et adroits, qui seront surveillés par elle.

Art. 7.

Les frais de transport sont à la charge des exposants, et la Société ne prend point la responsabilité des objets envoyés.

Art. 8.

Un livret faisant connaître le nom et l'adresse de l'auteur ou du propriétaire, indiquant la dimension de l'ouvrage et le sujet qu'il représente, s'il y a lieu, sera imprimé et vendu au public dès le jour d'ouverture.

Art. 9.

Les commissaires sont invités à se montrer sévères pour l'admission des ouvrages présentés.

Art. 10.

Une Commission sera ultérieurement nommée pour faire à la Société un rapport sur les ouvrages les plus remarquables.

Art. 11.

Cette double Exposition aura lieu dans le local

de la Préfecture, mais une salle particulière sera affectée à chaque division. Les ouvrages y seront envoyés à l'adresse du Président de la Société.

Art. 12.

Elle s'ouvrira le 1er août 1842, et durera un mois. Le public sera admis à la visiter chaque jour, depuis 11 heures du matin jusqu'à 4 heures du soir. Il ne sera plus rien reçu après le 20 juillet.

Art. 13

Spécial à l'Exposition de Peinture et Sculpture modernes.

Seront admis les ouvrages de tous les artistes ou amateurs, quel que soit le lieu de leur naissance ou de leur résidence. Toutefois ils ne pourront concourir que pour leurs ouvrages exposés par eux-mêmes, sans néanmoins qu'on exige qu'ils en soient propriétaires au moment de l'Exposition.

Art. 14

Spécial à l'Exposition de Peinture et Sculpture anciennes (*).

Il ne sera admis que les objets qui n'ont pas

(*) Cette expression embrasse non seulement les œuvres des artistes morts récemment, mais encore les productions de toutes les époques antérieures.

déjà figuré à l'Exposition Archéologique d'Angers de 1839, et ceux dont les propriétaires sont nés ou habitent dans l'un des départements de Maine et Loire, de la Sarthe, de la Mayenne, d'Indre-et-Loire et de la Loire–Inférieure. La numismatique sera admise par extension.

Arrêté en séance générale de la Société.

Le Président de la Société,
DE BEAUREGARD.

Le Secrétaire–Général,
MILLET.

Le Maire,
CHEUX, adj.

Le Préfet,
BELLON.

Les Membres de la Commission, tous choisis dans la section des beaux-arts de la Société, sont **MM.**

Bazin.	De Nerbonne, secrétaire.
Béraud.	Pavie, Victor.
Godard.	Planchenault, président.
Grille.	De Quatrebarbes.
Guynoiseau.	Quelin.
Hawke.	De Senonnes, vice-présid.
Lachèse, Ferdinand.	Villers.
Mercier.	

Le premier soin de la Commission a été de donner publicité au programme et d'inviter par des circulaires tous les artistes et amateurs dont elle a reconnu le talent.

Elle ne s'est point fait illusion sur le poids de la responsabilité qu'elle assume en organisant une Exposition, et principalement une Exposition de peinture et sculpture modernes. Mais son dévouement à la cause des beaux-arts lui fera trouver légéres toutes les difficultés qu'elle pourra rencontrer si elle parvient à atteindre son but, celui de voir se développer, par une noble émulation, le goût des belles et bonnes choses.

Quant à l'Exposition de Peinture et Sculpture anciennes, la Commission se reporte aux termes de la notice de 1839. Elle ne conteste point l'authenticité des allégations établies par les exposants; mais elle a dû se montrer très sobre à les énoncer. De même elle ne donne pas comme authentiques toutes les signatures, bien qu'elle ait cru devoir les reproduire.

Le programme portant exclusion des objets qui ont déjà figuré à l'Exposition archéologique de 1839, certains collecteurs ne figurent cette année que pour un petit nombre d'objets, précisément parce qu'ils n'ont dû présenter que ce qu'ils se sont procuré depuis la dernière Exposition. Toutefois la Commission n'a pas cru devoir refuser quelques tableaux qu'une restauration habile a rendus à un éclat qu'ils n'avaient pas alors.

RÉGLEMENT

POUR L'ORDRE DES SALLES.

1. Les salons d'Exposition sont ouverts au public à l'hôtel de la Préfecture, tous les jours de la semaine, à l'exception du vendredi, à partir du 1er août jusqu'au 1er septembre exclusivement, et depuis 11 heures du matin jusqu'à 4 heures du soir.

2. Le vendredi est réservé aux exposants, aux artistes de la ville, aux souscripteurs pour l'acquisition de tableaux et aux personnes qui voudront payer 1 franc d'entrée.

3. Le prix du livret est fixé à 1 franc.

4. Chaque jour deux membres de la Commission seront présents dans les salles.

5. Les personnes qui désireraient faire l'acquisition d'un objet d'art, ou en connaître la valeur, sont invitées à s'adresser à l'un des commissaires de service.

6. Il est défendu de toucher aux objets.

SOUSCRIPTION

Pour l'acquisition de Tableaux, Dessins Sculptures, etc.,

Qui figurent à l'Exposition d'Angers en 1842.

L'artiste vise au bien-être pour le présent et à la gloire pour l'avenir. Le public qui jouit du bienfait des beaux-arts doit les favoriser à ce double titre.

1° La Commission d'Exposition ouvre donc une souscription dont le but est l'acquisition de tableaux, dessins ou sculptures qui seront obtenus par le sort ;

2° Les actions sont de 5 francs. L'on souscrit entre les mains d'un des commissaires de service à l'hôtel de la Préfecture ; chaque souscripteur a son entrée gratuite à l'Exposition le vendredi, jour réservé ;

3° Lorsque les souscripteurs seront au nombre de cent, ils seront invités à se réunir pour en choisir sept d'entre eux qui seront chargés du choix et de l'acquisition des objets d'art ;

4°. Les objets acquis seront lithographiés au trait par **M. Hawke**, qui fait hommage aux souscripteurs de son temps et de son talent; et chacun des souscripteurs non favorisés par le sort recevra de droit une épreuve. Le nombre des lithographies ne pourra dépasser cinq, quel que soit le nombre des acquisitions. La Commission nommée par les souscripteurs est chargée de s'entendre, avant le tirage, avec M. Hawke sur le nombre et le choix des objets qu'il serait convenable de reproduire.

5° Le tirage au sort se fera au jour et à l'heure auxquels tous les souscripteurs auront été convoqués par la Commission d'Exposition.

La notice comprend deux divisions.

1re **DIVISION** : Peinture et Sculpture anciennes.

2me **DIVISION** : Peinture et Sculpture modernes.

Nota. Les personnes qui possèderaient des documents sur le sujet ou l'origine des Peintures et Sculptures anciennes, sont invitées à les communiquer aux membres de service.

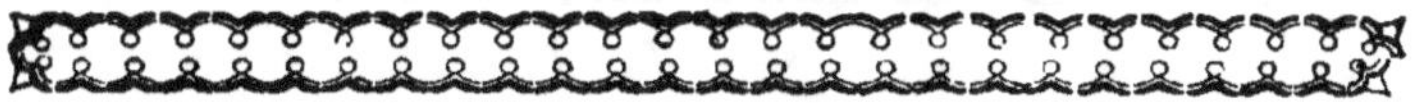

PREMIÈRE DIVISION.

Peinture et Sculpture anciennes.

———

M.me AUBERT.

1. Un père de l'Église; école française.

M. BARAUD.

2. Minerve; Boulogne.
3. Plusieurs petites statuettes ébauchées, de Leysener, sculpteur à Angers, mort en 1781.

M. DE BEAUREGARD.

4. Ecce Homo, sur bois; d'après Solari.
5. La Vierge, sur bois, pendant du précédent.

M. BRUAS.

6. Bas-relief en pierre, trouvé dans les démolitions d'une maison de la rue Basse-Saint-Martin; style de la fin du xvie siècle.

M. CLAVEAU.

7. Arabesques sculptés en bois.

M. CHESNEAU (architecte).

8. Panneau sculpté, présumé provenir de l'abbaye des Bons—Hommes, près Angers; style du xve siècle.

M. DONAS.

9. Portrait de femme du temps de Louis XIV; genre de Mignard.

10. Portrait de M.lle Bouillard, par elle-même.

11. Etude; école de Vanloo.

FABRIQUE DE SAINT-PIERRE DE SAUMUR.

12. Six morceaux d'une tapisserie à plusieurs compartiments, chacun représentant la légende de SS. Florent et Florian, donnée par l'abbé Jacques Leroy au monastère de St Florent-lès-Saumur en 1524.

La légende est écrite par quatrains, au bas de chaque compartiment (*).

Trois morceaux manquent à l'exposition; le 2e, le 4e et le 5e. La légende n'en est pas moins toute entière ci-dessous:

1.

Comme empereurs et tyranniques princes
Diocletian et Maximian ensemble
Leurs messagiers affin qu'erreur s'assemble,
Ils envoient en diverses provinces.
  Aquilien du pays de Bavière
Était prevost, lequel sans contredit
Des empereurs vient recevoir l'édit
Pour publier par cruelle manière.
  Aquilien fit l'édit publier
Qui contenait d'adorer les idoles,
Mais Florian et Florent par paroles
Le Dieu des Dieux ne veulent oublier.

M. Hawke s'occupe à reproduire au trait cette tapisserie dont M. Godard prépare la notice.

(**15**)

2.

(Celui ci manque.)

Aquilien en prison les fit mettre
Par ces moyens faux et irréguliers :
Mais comme bons et loyaux chevaliers
De Dieu servir ne se veulent demettre.
   Cela voyant par deux fois les fit battre
Et flageller par bourreaux inhumains,
Si rudement qu'employant bras et mains
Cuidant toujours le bon vouloir abattre.
   Son cœur felon rage fit échauffer,
Pourquoi leur fit les epaules étreindre
Et comprimer pour chair et os contraindre
Publiquement à gros barreaux de fer.

3.

Aquilien en publique assistance
De les noyer a donné jugement,
Grâces a Dieu rendent dévotement,
Prenant en gré la cruelle sentence.
   De la prison il les fit retirer
Et devant lui les mener tout battant;
Mais en la foy chacun d'eux est constant,
Et pour jcelle jceux s'offrent martyriser.
   Dessous un arbre ils se sont endormis;
L'ange du ciel à St Florent s'adresse,
Le deliant, lui dit parolle expresse
Que confesseur il est à Dieu promis.

4.

(Celui-ci manque.)

Florent s'en va vers St Martin en France,
Pour accomplir de Dieu le mandement,
Et Florian est mené rudement
Pour submerger et mettre en grande souffrance.
   En Anize est jeté le St corps
Par les bourreaux, et après mort reçue,
Publiquement ils perdent tous la vue
Dont chacun d'eux en fait pieux records.
   Le corps arrive au-dessus d'une pierre,
Un aigle vient qui le deffend et garde,
Son St Esprit une femme regarde
Et lui annonce ou sera mis en terre.

5.

(Celui-ci manque.)

La bonne femme en prenant soin et peine
Pour l'enterrer le met en sa charette ;
Venue au lieu la voiture s'arrête ,
Et de là sort une claire fontaine.
   En terre est mis par la dévote femme
Qui a connu tous ces divins signacles;
De jour en jour s'y font de grands miracles ,
Pour quoi est bon que chacun le réclame.

6.

A St Martin l'ange vient annoncer
De St Florent la joyeuse venue ,
Sa vie aussi en sainteté tenue
Pour en la gloire eternelle s'exaucer.
   Et lui venu en la ville de Tours
Par St Martin est reçu humblement
Qui est joyeux de son avenement,
Puis le conduit sans faire aucun detour.
   Pour demontrer de Dieu l'entier effet,
Qui ja l'avait pour confesseur elu
Par St Martin le tout connu et vu
Il fut à Tours sacré et prêtre fait.

7.

A St Florent l'ange manifesta
Qu'au mont de Glonne, il ferait sa demeure ,
Et la venu divinement labeurre
Tant que serpent hors d'icelui jetta.
   Un oratoire assis sur la ferme pierre
St Florent fit sur le mont de Glonne,
Là plusieurs gens ayant volonté bonne
Honorent Dieu et monseigneur St Pierre.
   Près Mur sur Loire y avait un gros serpent
Qui vomissait le venin serpentin
Et au retour conseil de St Martin
Préserve tous du mal qui en dépend.

8.

Pour son enfant une femme aveuglée
Le vint prier de cœur a Dieu rangée
En lui disant en l'eau est submergée
Trois jours y a dont je suis désolée.
   La saint se met en devotte oraison
Et pour l'enfant devotement prie Dieu :

En vie appert, puis tiré hors du lieu
Donne a la mère entière guerison.
    A St Martin en la ville de Tours
Du vil serpent reperant près de Mur
Fait le recit par parler doux et mur
Puis au retour le chasse et loin de Tours.

9.

De toutes parts venaient à l'oratoire
De St Florent pour santé recevoir,
Les languissants ayant fait leur devoir
S'en retournaient par l'œuvre meritoire.
    Six vingt trois ans obtint vie en ce monde
Et d'octobre, a Dieu l'esprit rend,
De tout cecy es cieux est apparent,
Par mort fut pris la dixième kalende.
    Après sa mort fut si bien estimé
Que de tous lieux accouraient a grands tas,
Pretres, clercs et gens de tous états,
Jusques an ou il fut inhumé.
    Par très reverend père en Dieu
M. l'abbé Jacques Leroy,
Je fus donnée à ce St lieu
Ce moyennant devot au roy.
    Priez Jesus souverain roy
Que de tout mal soit deffendu
Un bienfait n'est jamais perdu.

M. FRANCESCHI.

13. Epreuve en plâtre de la Vierge de Saint–
    Laud, appartenant à M. de Baracé, qui
    l'a exposée en 1839. (La main droite de
    la Vierge et la tête de l'enfant sont une
    restauration moderne.)

14. Epreuve de la tête de la statue de la justice,
    faisant partie du tombeau de François II.
    à Nantes.

M. GENNEVRAYE.

15. La Vierge et l'enfant Jésus, d'après Raphaël.

M. GODARD.

16. La Vierge, l'enfant Jésus et Saint-Jean, sur bois; style de Léonard de Vinci.

M. GUÉRIN, des Ponts-de-Cé.

17. Repos en Egypte; gouache.

M. GUÉRIN, de Rochefort.

18. Vierge.

M. GUÉRIN-PARRAIN.

19. Le petit Saint-Jean et paysage; gouache.

M. HAWKE.

20. Bahut sculpté; fin du xvie siècle.

21. Meuble sculpté à deux compartiments; fin du xvie siècle.

M. LEBEGI-GUN.

22. Paysage-marine, signé Rasire, 1800.

23. Marine, signée J. Prudhomme, 1806.

24. Paysage, soleil couchant; école hollandaise.

25. Portrait de femme du temps de l'empire; Ansiaux.

M. MABILLE-OUVRARD.

26. Buveurs sous un auvent, dessin croquis; signé Ostade.

27. Un marché, dessin croquis; signé Ostade.

28. Loth et ses filles ; signé Adrien Vander-
    werf.
29. Portrait de Blot, de Nantes, peint par lui-
    même , 1742.
30. Plusieurs personnages observant des lut-
    teurs ; Jean Miel.
31. Paul et Virginie , marine ; école de J. Ver-
    net.
32. Un arracheur de dents , sur bois ; Ricaert.
33. Buveurs , sur bois ; genre de Craesbéke.
34. Tête de vieille ; école française.
35. Bacchanale ; attribuée à Philippe Laury.
36. Joueur de flûte en repos.
37. La Vierge et l'enfant Jésus.
38. Samson et Dalilha ; école vénitienne.
39. Vierge ; attribuée à Sasso Ferrato.
40. Tête de vieille ; attribuée au Guerchin.
41. Paysage ; école de J. Vernet.
42. Paysage ; école de J. Vernet.
43. Paysage ; signé Claude Gelée , Româ ,
    1640.
44. L'enfant Jésus, sur les genoux de la Vierge,
    présente une couronne de rose à une
    sainte ; sur cuivre ; école de Rubens.
45 Les trois Grâces ; école vénitienne.
46. Joueuse de guitare.
47. Buste de femme ; école vénitienne.
48. Paysage , site d'Italie avec figures.

49. Portrait de femme ; fin du XVIIe siècle.

50. Paysage avec figures , représentant une bac-
    chanale ; école italienne.

51. Plantes , insectes et reptiles sur bois ; genre
    de Marcellis.

52. Clair de lune ; signé Zeemann.

53. Intérieur, sur bois ; signé Van-Ostade.

54. Paysage , site d'Italie ; école hollandaise.

55. Ermite conjurant des reptiles , paysage ; si-
    gné V. L. F.

56. Ermite au bord d'un lac ; pendant du précé-
    dent.

57. Portrait présumé de M.me la comtesse de
    Lafayette ; attribué à M.me Lebrun.

58. Adoration des bergers , sur bois ; genre de
    Jordaens.

59. Danse villageoise ; genre de Teniers.

60. Tête d'étude ; Girodet.

61. Intérieur d'une cuisine ; genre de Van-
    Ostade.

62. Portrait d'évêque ; école de Philippe de
    Champaigne.

63. Meuble sculpté ; commencement du XVIIe
    siècle.

64. Deux vases bleus du Japon.

65. Vase chinois.

M. MENARD, Alfred.

66. Tête ; genre de Jouvenet.

67. Tête d'enfant, sur bois; genre de Van-Dyck.

M. MARCHEGAY.

68. Huit briques à carrelage trouvées dans les ruines du prieuré de Saint-Laurent de la Prée (Ile de Ré), remontant au XIIIe siècle.

> La terre blanche a été incrustée dans une terre colorée pour former divers dessins, et la cuisson leur a donné une adhérence telle que les dessins paraissent peints plutôt qu'incrustés.

M. MENUAU.

69. Le Christ au jardin des Oliviers, sur bois.

70. Danse flamande, sur bois.

M. MOREAU–FRESNAU.

71. Vierge ; ancienne école italienne.

72. Ecce Homo, sur cuivre ; genre de Van-Dyck.

M. MERCIER.

73. Guérison du Paralytique ; école italienne.

M. le marquis de MAULEVRIER.

74. Madone sur cuivre ; attribuée au Corrège.

75. Carabine ciselée ; XVIIe siècle.

76. Paire de pistolets ciselés ; XVIIIe siècle.

M. MIRAULT.

77. Joueur de vielle.

M. H. DE NERBONNE.

78. Sacrifice d'Abraham ; Tintoret.

79. Paysage intérieur d'une forêt avec figures, sur bois ; signé Hobéma.

80. Paysage, Tobie et l'ange, sur bois; école hollandaise.
81. La Vierge, l'enfant Jésus, un ange gardien, sur bois; école de Guirlandaio.
82. Annonciation, sur bois; ancienne école florentine.
85. Paysage et animaux, sur bois; Salomon Rhuïsdaël.
84. Paysage, marine; attribué à Villaers.
85. Portement de croix, sur bois; J.-B. Franck.
86. Sainte Agnès, sainte Barbe, sainte Marguerite, sainte Catherine, sur bois; ancienne école italienne.
87. La Vierge et l'enfant Jésus.
88. Paysage; attribué à Paul Bril.
89. L'ange de Tobie, fragment de sculpture, attribué à Germain Pilon.
90. Meuble à deux compartiments superposés; fin du xviie siècle (restauré par M. Verdier, ébéniste à Angers).
91. Bahut; fin du xvie siècle, (restauré par M. Verdier,).
92. Registre des maîtres en monnaie d'Angers, Saumur, Laval, Château-Gontier, Cholet et Chémillé, avec plaques en cuivres où sont les poinçons des maîtres; première moitié du xviiie siècle.
95. La Vierge, l'enfant Jésus, deux saints personnages et deux saintes, sur bois

et sur fond d'or , de Simon Memmi, né
à Sienne, en 1284.

94. La Vierge et l'enfant Jésus visités par des
anges, sur bois; attribué à Lucas Cra-
nach.

M. Victor PAVIE.

95. Saint Jérôme, sur bois, école allemande ;
xvᵉ siècle.

96. Paysage et animaux , silhouette ; attribué à
Jean Miel.

97. Le bon ange , sur cuivre.

M. QUELIN.

98. Conversion de saint Paul , sur bois ; d'a-
près Lahire.

99. Danse de nymphes , esquisse.

100. Escarmouche ; attribué à Parrocel.

101. Cléopâtre au tombeau de Marc-Antoine.

102. Tableau allégorique de la chûte et de la
rédemption de l'homme , sur bois.

103. Chasse au lion , sur bois.

104. Christ , sur bois.

105. Saint François aux stigmates.

106. Chasse au cerf, sur bois.

107. Paysage.

108. Le Christ au tombeau ; Annibal Carrache.

109. Saint Bruno , esquisse ; attribuée à Le-
sueur.

110. Apparition de l'ange à saint Pierre ; école
française.

111. Portrait, sur bois.

112. La Vierge et l'enfant Jésus, sur cuivre.

113. Paysage et personnages , sur bo's ; école hollandaise.

114. Portrait de vieillard , sur bois ; Grimoux.

115. Portrait de vieillard , sur bois.

116. L'étude.

117. La géométrie.

118. L'astronomie.

119. La musique.

120. Tête de vieillard sur bois ; Pontormo.

121. Portrait d'abbesse ; d'après Philippe de Champaigne.

122. Vierge et enfant Jésus, guirlande de fleurs sur cuivre ; les fleurs de Van-Kessel.

123. Paysage et animaux , esquisse sur bois ; genre d'Omégamp.

124. Paysage.

125. Saint François.

126. L'ange Raphaël et l'enfant Jésus.

127. Joueurs de cartes ; d'après Brawer.

128. Petit meuble à tiroir peint ; fin du XVIIe siècle.

M. RAIMBAULT, de Thouarcé.

129. Médailles :

MONNAIES ROMAINES.

1. Médaille de Domitien, trouvée au camp romain, près d'Alençon (canton de Thouarcé).

2. Antonin, et au revers : *Libertas*...
3. Constantin, et au revers la légende : *Marti con-
servatori*.
4. Magnence, de l'autre côté le monogramme du
Christ, et pour légende : *Salus* . . . .
caes.

MONNAIES FRANÇAISES.

5. Trois petites pièces billon, du roi Jean-le-Bon,
portant d'un côté une fleur de lys et l'inscription : *Johannes francor rex.* Au revers
une croix fleurdelysée, et la légende : *Moneta
duplex.*
6. Deux pièces presque pareilles aux précédentes,
mais qui sembleraient être d'un duc de Bretagne, ayant pour légende , du côté de la fleur
de lys : *Karlus Britaorum dux* , et au revers également : *Moneta duplex.*
Ces cinq dernières ont été trouvées ensemble le 20 mai dernier à Thouarcé, dans une
rue, à 30 ou 40 centimètres au-dessous du
sol.
7. Grande pièce en argent bas , portant pour légende : *Karolus. francoru. rex.* Et au revers : *Sit. nome. dni. benedictu.*
8. Pièce argentée presque pareille à la précé-
dente.
9. Petite pièce argentée, ayant d'un côté une es-
pèce de dauphin, et la légende : *Karolus.
francorum. rex.* Et au revers : *Sit. nomen.
dni. benedictum.*
10. Petite pièce portant : *Ludovicus rex.* De
l'autre : *Turonis civi.*
Elle a été trouvée aux environs de
Thouarcé.
11. Petite pièce qui porte d'un côté une croix centrale et une légende , où l'on voit un mot
commençant par A et finissant par la syllabe
DVS. Ce mot est sans doute le nom du prince.
Il est suivi de : *comes* (comte). Au revers on
voit plusieurs lettres formant deux lignes au
centre, puis autour on lit : *Moneta duplex.*

5

12. Petite pièce argentée portant d'un côté une croix centrale et une inscription qui semblerait être : *Nantes civi* (ville de Nantes, peut-être), de l'autre côté : *Dux Britane* (duc de Bretagne ou des Bretons, peut-être aussi).

Elle a été trouvée en 1840, dans le Layon, près de Thouarcé.

M. RETAILLEAU.

150. La Vierge et l'enfant Jésus, sur cuivre ; d'après Raphaël.

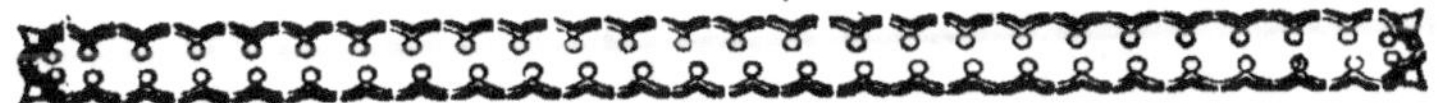

DEUXIÈME DIVISION.

Peinture et Sculpture modernes.

—

ALIGNY, Paris, 11, rue de la Tour-d'Auvergne.

131. Vue prise dans l'île de Capri, royaume
de Naples.

ANDREW, BEST et **LELOIR**, Paris, 7, rue
Poupée, place S.t-André-des-Arts.

132. Cadre de gravures typographiques, sur
bois et sur cuivre.

(Paris, médaille de bronze 1834, médaille d'argent 1839.)

Anonyme C. B. B. d'Angers

133. La Vierge en méditation.

Anonyme d'Angers.

134. Fileuse, portrait.

Anonyme.

135. Paysage.

136. Paysage.

137. Paysage.

138. Paysage.

(Propriété de M. Lebe-Gigun).

Anonyme.

139. A la naissance de Jésus le paganisme
disparaît.

(Propriété de M. Mabille.)

AUBOIS.

140. Episode des journées de juillet.

141.   idem.

142.   idem

143. Prise du Louvre, aux journées de juillet.

(Propriété de M. Joary.)

BALAN, Paris, 41 , quai des Augustins.

144. Vue de l'église Saint-Maclou à Rouen ;
aquarelle.

145. Nature morte; deux tableaux, pendant.

BEAUDRON (Louis), 55 , quai des Augustins.

146. Halte de Lansquenets dans dans une forêt.

BEAUREPAIRE (M.me Lucy de), Paris,
84 , rue de Cléry.

147. Corbeille de fleurs ; aquarelle.

BOISCHARD, Paris, au panorama des Champs-
Elysées.

148. L'Aumône.

149. Attaque de Brigands dans une gorge
des Pyrénées.

150   Apprenez que tout flatteur,
Vit au dépend de celui qui l'écoute.

BOISCHARD (Alcide), de Paris , au Panorama des Champs-Elysées.

151. Repos de la Sainte-Famille.

BOURGEOIS (Isidore), Paris, 3 , rue de l'Abbaye.

152. Un pressoir en Normandie ; aquarelle.

BRUN (Gustave), Paris, 5, rue de l'Abbaye.

153. Intérieur d'une taverne.

154. Une femme artiste.

BARDOU , d'Angers.

155. Le dernier morceau de pain.

156. La leçon de menuiserie , portraits de MM. G. père et fils.

BIBARD , d'Angers.

157. Entablement d'un Temple romain , de la villa des Empereurs ; lavis.

158. Portraits des deux frères Haüy; dessin à la plume.

BORGET , Paris, 10 , rue Neuve-Saint-Georges,

159. Far niente chinois , intérieur d'une villa.

BOUCHÉ (M.lle Ad.), d'Angers.

160. Tête d'étude.

BOULANGER (M.elle Anette,), Paris.

161. Vase de fleurs ; aquarelle.

BOULANGER (Louis).

162. Don Quichotte.

163. Sujet tiré des Paroles d'un croyant.

> C'était une nuit d'hiver. Le vent soufflait au dehors, et la neige blanchissait les toits.
>
> Sous un de ces toits, dans une chambre étroite, une mère et sa fille étaient assises, travaillant de leurs mains pâles. Une lampe d'argile éclairait cette pauvre demeure, et un rayon de la lampe venait expirer sur une image de la Vierge suspendue au mur.
>
> . . . .
>
> Et la mère faisant un effort pour élever la voix : ma fille, dit-elle, le bonheur n'est pas de posséder beaucoup, mais d'espérer et d'aimer beaucoup.
>
> LAMENNAIS.

CHANTEREINE, (M.me de) Paris, 31, rue de la Ville-l'Evêque.

164. Raisins et Dalhias ; aquarelle.

CHATEAUNEUF (M.elle Aug. de), à Angers.

165. Louis XI et Marie de Commines, tiré de la tragédie de Casimir Delavigne, acte 5, scène 8.

> Louis XI fit périr le duc de Nemours, et ordonna que ses trois fils, vêtus de blanc, fussent conduits sous l'échafaud de leur père et baignés de son sang. L'un d'eux, élevé dans l'exil par Commines, ministre du roi, a connu Marie, fille de son protecteur, et doit en obtenir la main... Nemours paraît à la cour de Louis XI, en qualité d'ambassadeur du duc Charles de Bourgogne (le Téméraire), sous le nom de comte de Rhétel, mais avec un projet de vengeance que depuis long-temps il nourrit dans son cœur.
>
> Louis XI soupçonne que Nemours s'est introduit près de lui, sous un nom supposé, et que Marie en est instruite. Il cherche à surprendre son secret. Voyant quelle craint de s'expliquer, il lui reproche

de manquer de sincérité, et lui annonce qu'il s'en vengera. Marie effrayée tombe à genoux et implore sa clémence, le roi feint la bienveillance et lui promet de favoriser son union avec celui qu'elle aime. Trompée par cette apparence de bonté, Marie s'ouvre avec confiance et fait l'aveu qu'on désire. La scène se passe au pied d'un arbre, dans le parc du château du Plessis-lès-Tours.

Louis XI abusant du secret qu'il a surpris, fait arrêter et mettre à mort l'infortuné Nemours.

CHERELLE (Leger), Paris , 59 , rue de Seine.

166. Tigres au repos.

CHESNEAU architecte , d'Angers.

167. L'un des côtés de l'ancienne abbaye de Saint-Aubin , qui a été découvert il y a peu d'années à l'hôtel de la préfecture d'Angers ; lavis d'après nature.

168. Panneau sculpté sur bois , lavis d'après nature.

(Voir à l'article de MM. Lenoir et Chesneau.)

CHIRAT, Paris , 366 , rue S.t–Denis.

169. Fruits d'automne ; pastel.

CHIRAT (M.elle Anaïs), Paris, 366, rue S.t–Denis.

170. La méditation et la femme malade.

171. Quatre portraits ; même planche.

CICÉRI , Paris.

172. Paysage , aquarelle.

173. Paysage , idem.

174. Paysage , idem.

175. Paysage, idem.
(Propriété de M. Lebe–Gigun.)

COLIBERT , du Mans.
176. Tableau d'écriture.

COLIN (Alexandre), Paris, 100, faubourg Poissonnière.
177. Marché dans les Abruzzes.
178. Retour d'une procession dans l'île d'Ischia.
179. Femme d'Ischia.

COLLIN (Charles), Paris, 5 , rue de l'Est.
180. La Piété filiale.

COLLIGNON (Jules), Paris, 13 , rue des
Petites–Ecuries.
181. Le Champ de blé.
182. Intérieur d'écurie.

COLLIGNON (Ennemond) , Paris , 4 , cité du
Wauxhal.
183. Intérieur d'atelier.

COTELLE (Adrien), Paris, 89, rue de Hau-
teville.
184. Vue prise à S.t–Valery,–sur–Somme.
185. Les Lavandières.

COUDER (A.), Paris, quai Malaquais.
186. Le Livre d'images.

(33)

DAGNAN, Paris, 1, rue Neuve-S.t-Georges.

187. Vue prise à côté du port de Marseille.
(Propriété de M. V. Pavie.)

DANTAN (aîné), Paris.

188. Buste en marbre blanc, de M. Boguet,
peintre dessinateur et graveur.

(Propriété de M G. Bodinier.)

189. Buste en plâtre du général Desjardins.

DAVID (d'Angers), à Paris.

190. Statuette de Talma ; terre cuite.

191. Buste de Daunou ; *idem*.

192. Buste de Ludwig Borne, *idem*.

DAINVILLE (Ed.), d'Angers.

193. Extérieur de l'église de S.t-Mathurin ;
lavis.

194. Vue intérieure, idem.

DAINVILLE (Ern.), d'Angers.

195. Candelabre composé par Michel Ange ;
lavis.

DELATRE, Paris, 29, rue Neuve des Petits-Champs.

196. Chevaux de ferme dans une écurie.

DELIGNY, Paris, 52, rue de l'Arcade.

197. Conversation des Moines.

DEVERIA (Achille), Paris.

198. La captive.

DONAS, à Angers.

199. Tombeau du roi René d'Anjou, qui exis-
tait dans le chœur de la cathédrale d'Angers, fait de souvenir.

200. Le roi René, faisant le portrait de
Jeanne de Laval.

DOUTRELEAU, Paris, 52, rue Rochechouard.

201. Confession de Frédégonde.

> La reine, quelques jours avant sa mort, fit chercher
> Grégoire de Tours. A son arrivée celui-ci la trouva
> étendue dans une vaste salle, sur une couche for-
> mée de peaux d'animaux féroces. Alors elle com-
> mença la confession de tous ses crimes. Quand
> elle eut fini elle éleva sur le prêtre des regards
> inquiets : jurez-moi, dit Grégoire, que, si vous re-
> venez à la vie, vous passerez le reste de vos jours
> dans un cloître? –– Un cloître à moi! es-tu gagné
> par mes ennemis!--Au nom de Dieu repentez-vous!
> --Je me repens; mais pas de cloître, entends-tu
> bien! Je veux mourir comme j'ai vécu, reine de
> Soissons et de justice.

DUSSAUX, Angers.

202. Portrait de M-me P...

203. Portrait de M. L.

ESBRAT (R.), Paris, rue Neuve–Coquenard.

204. Route au bord d'une rivière.

205. Fontaine aux environs de Bourbonne-les-
Bains (Haute-Marne); paysage.

FELLY, Paris, 2, rue S.t–Dominique-S.t–
Germain.

206. Vue prise à Sèvres, près Paris.

FIALEIX, élève de la manufacture de Sèvres (manufacture de vitraux peints du Mans).

207. Deux vitraux peints, représentant la vie de S.t—Jean—Baptiste. Les couleurs des chairs, fonds et paysages, ont été appliquées sur des verres blancs. Ces vitraux ont été donnés par M.gr l'évêque du Mans à l'église Saint—Charles—la—Forêt (Mayenne.)

FOLLEVILLE (de), Tôtes (Seine—Inférieure.)

208. Vue prise à Domfront (Orne).

FOUQUET, Paris, 67, rue de Chabrol.

209. Départ de Paris.

GARNERAY (Louis), Paris, 19, passage Saulnier.

210. Vue de la mer El—ki—ber.

211. Retour de la pêche à S.t—Jean—d'Ulloa.

GARNERAY (H.te), Paris, 15, rue Poissonnière.

212. Parc, avec figures.

GAUMÉ, du Mans.

213. Vue prise au bord de la Mayenne, près Laval.

GAVET, Paris, 35, rue Croix—des—Petits—Champs.

214. Le château de Mirabeau.

GELIBERT, à Pau.

215. Animaux.

GERÉ, Paris, 6, rue Neuve-Samson

216. Vue prise en Normandie.

217. Vue prise en Normandie.

GIRAUD (M.me née Rosine Parran), à Angers.

218. Fleurs et fruits; aquarelle.

219. Fleurs et fruits; aquarelle.

220. Intérieur d'un atelier de dame.

221. Portrait de M.me G.

GIRAUD (M.lle Nathalie),

222. Paysage fixé.

223. Paysage fixé.

224. Vue de Suisse.

(Propriété de M. Lebe-Gigun).

**GIRAULT (M.me, née Lesourd-Delisle)
d'Angers, à Compiègne.**

225. Pivoines et roses tremières; aquarelle.

226. Bouquet de pâquerettes, violettes et lierre terrestre; aquarelle.

GORBITZ, Paris, 84, rue de l'Université.

227. Vue prise à Sèvres.

228. Vue prise à Licloster.

GOURDET, Paris, 102, faubourg S.t-Martin.

229. Une fête de nuit.

230. Intérieur d'un cloître.

GUÉ, Paris, 34, rue S.t-Lazare.

231. Enfant jouant avec un chat.

GUERIN, Rochefort-sur-Loire.

232. Portrait de M. G.
233. Façade de la chapelle du château de Vin-
cennes ; dessin.
234. Portrait de deux des enfants de M. B. ;
dessin.
235. Portrait d'un des enfants de M. B. ; dessin.

GOSSE.

236. Portrait de M. L.
(Propriété de M. Lebe-Gigun.)

GREBERT, Paris, 3, rue d'Arcole.

237. Souvenir du Dauphiné.

GUIAUD, Paris, 11, rue Renfort.

238. Souvenir d'Allemagne.

GUILLOT, Paris, 36, rue du Bac.

239. Saltimbanques.

HAUDEBOURG-LESCOT (M.me Hortense),
Paris.

240. Fileuse, costume italien, sur bois.
(Propriété de M. le marquis de Senonnes.)

HAWKE, à Angers.

241. Notre-Dame de Paris ; dessin à la plume.
242. Cathédrale du Mans ; *idem.*
243. Intérieur de la Trinité d'Angers ; *idem.*
(Propriété de M. le curé de la Trinité.)
244. Rue des Halles, à Nantes ; *idem.*

245. Place S.te-Croix , à Angers ; *idem*.
246. Intérieur de la cathédrale de Barcelone ; *idem*.
247. Couvent de Montserrat , près Sarragosse ; *idem*. (Ce dessin et le précédent font partie d'une collection.)
248. Portail méridional de la cathédrale de Beauvais ; *idem*. (Ce dessin a été gravé pour le voyage dans l'ancienne France de Nodier, Taylor et Cailleux.)
249. Vue d'Angers, prise de Reculée.
250. Ruines de l'église Toussaint d'Angers ; *id*.
251. Cathédrale de Nantes ; aquarelle.
252. Montserrat près Sarragosse ; *idem*.
253. Couvent de Montserrat ; *idem*.
254. Portrait de Maria Hawke; dessin au crayon.
255. Dessins originaux devant être publiés dans les œuvres complètes du roi René , par MM. le comte de Quatrebarbes et Hawke.

  1. Triptyque de S.t-Sauveur d'Aix.
    Le Buisson ardent.
    La Vierge et l'Enfant sur le buisson en flammes.
    Gabriel et Moïse en bas.
    Sur le volet à gauche René en prière, derrière lui la Madeleine, S.t-Paul l'ermite, et S.t-Maurice.
    Sur le volet à droite, Jeanne de Laval, femme de René, S.t-Jean l'Evangéliste, S.te-Catherine et S.t Nicolas.
  Depuis 1 jusqu'à 7 , détails de ce même tableau du Buisson ardent.
  7. La Divine Comédie.
    La Trinité couronnant la S.te-Vierge au milieu d'une légion d'Anges et de Saints.

Dans le bas l'Enfer et le Purgatoire. - A l'Hôtel-
Dieu de Villeneuve-lès-Avignons.
8. Détails de la Divine Comédie.
9. Château du Roi René, à Salon, près Aix.
10. Palais de René à Aix.
11. *Idem*.
12. Château de René, à Tarascon.
13. *Idem*, à Hyères.
14. Prison de René, à Dijon.
15. Alisier planté par René, place des Quatre-Dau-
phins, à Aix.
16. Bas-relief en bois peint, faisant partie de la chapelle de René, exécutée tant par lui que sous
ses ordres.
Depuis 17 jusqu'à 24. - Livre du Tournoi.
25. Le roman du Cœr d'amours épris. - M. S. de la
Bib. Richelieu, n. 2811.
Depuis 26 jusqu'à 29 - Heures de René.
Depuis 30 jusqu'à 32. - Roman de l'Abuzé en court.
-M. S. de la Bib. Richelieu 7912.

**HUBLIER (M.me), Paris, boulevard Mont-
parnasse.**

256. Dalhias.

**HUET (Paul), Paris, 20, S.t-Dominique-S.t-
Germain.**

257. Rochers de Nice.

**258. Effet de pluie, montagnes de la Corrèze,
environ de Rore.**

JACQUAND, Paris, 32, rue de l'Arcade.

259. Mort de Duguesclin.

260. Le page gourmand.

JESSÉ, Paris, 5, rue du Mail.

261. Vue de Brigues et du Simplon.

JOANNIS (M.lle), Paris, rue des Vinaigriers.

262. Etude de coquelicots.

263. Étude de géraniums.

JOURNET (M.lle Elisa), Paris, 60, rue S.t–André-des-Arts.

264. Gibier.

265. Branche de pêcher.

JUGELET (A.te), Paris, 41, rue de la Ville-l'Evêque.

266. Rivière de Landerneau.

267. Vue prise à S.t–Michel.

268. Rencontre sur le bord de la mer.

KIORBOC, Paris, 8 *bis*, place Laborde.

269. Chiens courants.

270. Jument dans une prairie.

LALLEMAND (M.me), Paris, 12, rue Cha-noinesse.

271. Bouquet de fleurs composées.

272. Fleurs.

LANDON.

273. Portrait d'enfant, (M.lle D...) (Propriété de M. Ach. Joubert.)

LAPITO, Paris, 69, rue Neuve-des–Petits-Champs.

274. Glacier de la Jungfrau.

275. Vue du golfe de Baïa.

LATIL, Paris, 23, quai Napoléon.

276. L'Orpheline du vétéran.

LATIL (M.me), Paris, 23, quai Napoléon.

277. L'aumône de l'ouvrière.

LE CARON, Paris, 11, rue du Haut-Moulin.

278. Le marchand d'abbats.

LECOY, Angers.

279. Modèle du pont de La Valette (Mayenne);
plâtre.

LEMERCIER, Paris, 6, rue Mézières–Saint–
Sulpice.

280. Fruits.

281. Nature morte.

LENOIR et CHESNEAU, architectes à Angers.
Château en construction sur le domaine
de Tirpoil, près Vihiers.

282. Élévation, au levant; lavis.

283. Elévation, au couchant; lavis.
Château en construction, au Plessis–Ma-
lineau, com.ᵉ de la Salle-de-Vihiers.

284. Elévation, au levant; lavis.

285. Elévation, au couchant; lavis.

286. Eglise de Mazé (en construction); élévation, côté de la place.

287. Eglise de Trelazé (en construction); plan.

288. Elévation, côté de la place.

289. Coupe sur la longueur.

290. Chapelle pour le château de la Conterie,
commune de la Jumellière; plan, élévation, coupes.

291. Elévation d'une maison , rue Flore (exécutée).
(Voir à l'article de M. Chesneau.)

LEPAULLE, Paris, 27, rue des Martyrs.

292. Satyre.

LEROY-BEAULIEU (M.me), Saumur.

293. Vue de Saumur.

LESAINT, la Chapelle.

294. Eglise de Thoun.
295. Intérieur d'abbaye.

LETAILLANDIER (M.me), Laval.

296. Vue de la villa Médicis , prise des clottres
de la Trinité-des-Monts , à Rome.

LOUBON, Paris, 11, rue Chabrol.

297. Le repos.

MAGAUD, Paris, 14, rue de l'Est.

298. Les baigneuses.

MÉNARD (Alfred), Angers.

299. La Communion de la Vierge par S.t-Jean.
300. Martyre de S.te-Catherine.
301. Portrait de M. T.
302. Portrait d'enfant de M. T.
303. Portrait de M. B. L.
304. Portrait de M.me.....
305. Portrait des enfants J. A.

(43)

MEYER (Louis), Paris, 17, rue de l'Entrepôt.

306. Les Bateaux pêcheurs.
307. Le Corbeiller.

MIOMANDRE (de), Angers.

308. Portrait de l'auteur.
309. Portrait de M. de B. D.

NERBONNE (de), Angers.

310. Vue prise à Lariccia, le soir ; états du Pape.
311. Pays de Malaïpouram, Indes-Orientales,
    (d'après un dessin de M. Th. Pavie.)
312. Soleil couchant dans le Désert, près Suez,
    Bédouins voyageurs, Indes-Orientales,
    (d'après un dessin de M. Th. Pavie.)
313. Pleine mer la nuit, lever de la lune.
314. Vue prise à l'île du Mai.
315. Vue prise dans les Marais-Pontins ; dessin
    à la plume.
316. Ruine du palais des Empereurs à Rome ;
    idem.
317. Vue prise dans la campagne de Rome; *idem*.
318. Vue du Château d'Aubigné, canton de Vi-
    hiers; *idem*.
319. Vue du Château de Martigné ; *idem*.

OUVRIER (Justin), Paris.

320. Paysage.
321. Paysage ; aquarelle.
322. Paysage; *idem*.

PASCAL (M.me), Paris, 9, rue Guénegaud.
323. Dalhias.

PELLETIER.
324. Aquarelle.

PETIT, Paris, 13, rue Taranne.
323. Chapelle en Normandie.
PINARD, Paris, 5, rue des Récollets S.t-Martin.
326. Les Mendiants.

PINGRET, Paris, 16, Grande-rue-Verte.
327. Portrait de feu M. le V.te de Senonnes,
    Conseiller d'Etat, Membre de l'Institut,
    Commandeur de l'Ordre Royal de la Lé-
    gion-d'Honneur.

(Propriété de M. le marquis de Senonnes.)
328. Le Départ pour Castellamare.
329. La confession.

PLATTEL, Paris, 24, rue Blanche.
330. Soleil couchant.

POIROT, Paris, 4, place de l'Odéon.
331. Eglise S.te-Marie, à Rome.
332. Intérieur de la cathédrale de Chartres.

PONCEAU (Paul), Angers.
333. Vue prise aux environs de Domfront.
334. Vue prise à Mortain (Manche.)
335. Paysage.
336. Paysage composé.

337. Paysage composé.

PORTELETTE, Paris, 8, rue du Figuier.

338. Les Deux Savants.

RANSONNETTE, Paris, 8, rue du Figuier.

339. Intérieur d'église à Essonne.

RENIER, Paris, 12, rue Saintonge.

340. Vue prise dans les Pacages de S.t–Nizier.

341. Nature morte.

RENOUX, Paris, 3 bis, rue des Beaux–Arts.

342. Intérieur d'un château.

343. Ermite endormi.

RÉTAILLEAU, Angers.

344. Portrait du frère de l'auteur ; paysage du pays de Bone (Algérie.)

345. Portrait de **M. A. P.**

346. Portrait de **M. L.**

347. Portrait d'enfant.

348. Portrait d'enfant.

349. Portrait d'enfant.

350. Un Chien.

351. Paysage , Pierre – Bécherelle , près la Pointe.

352. Paysage , Petit – Serrant , bords de la Loire.

353. Médaillon d'après l'antique; grisaille.

354. Médaillon d'Henriette d'Angleterre ; gri–saille d'après....

RICHARD, Paris, 5, faubourg Poissonnière.

355. Une Italienne.

356. Un Moine.

ROBERT, Paris, 21, rue de Verneuil.

357. Intérieur de forêt.

RONDÉ, Paris, 5, rue des Beaux-Arts.

358. Couvent de Jacobins.

ROUSSEAU (Achille), S.t-Georges-des-7-Voies.

359. Médaillon de M. H., plâtre.

SAGET, Angers.

360. Statue de Catilina, plâtre (hauteur 1 mètre 92 centimètres).

SAINT.

361. Portrait de M.me...; miniature.

(Propriété de M. le marquis de Senonnes.)

SAVOURÉ, Saumur.

362. Humanité des Soldats français, après la conquête de Mascara, le 10 décembre 1835.

Le 10 décembre 1835, le maréchal Clausel était décidé à ne pas rester plus long-temps séparé de ses bagages et du reste de ses troupes. La brigade Perregaux marchait en tête ; elle se mit en mouvement. Le général Marbot devait former l'arrière-garde, comme la veille ; les auxiliaires ne demandaient aussi qu'à marcher, mais cette pauvre population juive ne pouvait les suivre. Que faire de vieillards, de malheureuses femmes et d'enfants roidis par le froid ? Il fallut aviser aux moyens de faire avancer ces malheureux, car on ne pouvait les abandonner dans le Désert, au milieu des Arabes, qu'on apercevait encore, rôdant autour de l'armée et convoitant cette proie. Mais nos soldats eurent bientôt pris leur parti ; les cavaliers établirent des femmes et des enfants sur leurs chevaux, les fantassins eux-mêmes, quoique harassés de fatigue, placèrent quelques-uns des plus invalides sur leurs sacs, et la colonne se mit en mouvement.

SCHOEFFER (Henri), Paris.

363. Portrait de M. de S.

SENEVAS (de), Paris, 26, rue Godeau.

364. Vue prise de Remiremont (Vosges).

SENONNES (marquis de), Angers.

365. Un Chien sur un tabouret et nature morte.

366. Vue du Pont—Neuf de Laval.

367. Vue du Château de Sautré.

SOTTA , Nantes.

368. Portrait de Monseigneur Angebault, évêque d'Angers.

SUC, Nantes.

369. Médaillon de M.me H.

(Propriété de M.me Guertin.)

370. Buste de M.me Dorval.

371. Idem de M. Hawke.

(Propriété de M. Freslon).

TALLUET , Angers.

372. Buste de M. Dauban, fils ; plâtre.

TAURIN (M.me), Paris, 15, rue de la Madeleine

373. Le Poëte mourant.

574. L'Antiquaire.

TOUZÉ, Angers.

575. La jolie Fille de Gand.
576. Portrait de M. M.
577. Portrait de M. T.

TRONVILLE, Paris, 30, rue de l'Arcade.

578. Scène de Contrebandiers.
579. Plage: marée basse.

VALTER.

380. Buste en marbre de feu M. Gruget, curé
de la Trinité d'Angers.
(Propriété de la fabrique de la Trinité).

VILLERET, Paris, 30, rue de l'Arcade.

581. Vue prise à Trière.

SUPPLEMENT.

PREMIÈRE DIVISION.

Peinture et Sculpture anciennes.

—

M. BEAUJON.

382. Meuble sculpté ; XVII.ᵉ siècle.

M. CAUSSADE.

383. Portrait de Napoléon, miniature ; attribué à Isabey.

M. le CURÉ de Saint-Augustin.

384. Le tableau de la croix, avec rinceaux ; impression de 1651.

M. DERUINEAU.

385 Apollon et les Muses ; Lemoine.

386. Marsyas vaincu par Apollon ; Lemoine.

387. Portrait de femme ; attribué à Velasquez.

M. FIALEIX, peintre sur verre, au Mans.

388. Miniature dans le style des vitraux allemands.

M. GROS, curé de Saint-Clément-des-Levées.

389. Sommeil de l'enfant Jésus ; d'après le Guide.

(50)

M. HAWKE.

390. Livre de chroniques , imprimé à Nuremberg en 1493, avec gravures de Michel Volgmuth.

M. HERDING.

391. Massacre des Innocents, de Rubens; gravé par P. Pontius.

M. LEBE–GIGUN.

392. Dessin croquis où se trouve le portrait de l'auteur ; Denon.

M. MABILLE-OUVRARD.

393. Junon implorant le secours d'Eole, pour disperser la flotte d'Enée ; Heiss, 1692.

394. L'enfant Jésus présentant la couronne d'épines à la Vierge.

395. Sainte–Famille.

M. le marquis de MAULEVRIER.

396. Christ mort, sur bois, avec fond de velours violet; attribué à Cigoli, 1520–1550.

397. Tête d'ange ; attribué par le possesseur à Allori, dit le *Bronzin*.

398. Sainte-Famille ; attribué par le possesseur au Titien.

399. Portrait en pied de Marguerite Gambassini, maîtresse d'un duc de Toscane. Zutherman.

M. PRIN.

400. Petit coffre en fer ; 15ᵉ siècle.

M. QUELIN.

401. Incendie ; Ecot.
402. Téte d'après Van–Dyck.
403. Vierge.
404. Grenadier de l'empire.
405. Joueur de violon ; dessin au crayon.
406. Ermite dans le désert ; dessin à la plume, attribué au Titien.
407. Sainte–Famille, dessin à la plume ; Stella.
408. Scène d'intérieur ; genre de Greuze.
409. Madeleine, dessin ; attribué au Guide.
410. La lanterne magique, lavis ; Ecot.
411. Dessin à la plume, lavé ; Palme le vieux.
412. Le jeu de cartes, dessin à la plume, lavé ; J. Vernet.
413. Plusieurs dessins esquisses ; Lafage.
414. Dessin qui a servi à la gravure du serment des membres du parlement de Toulouse, entre les mains de Philippe IV.
415. Caïn tue son frère Abel ; dessin à la plume.
416 Ecce homo.

VARENNE.

417. Combat des Amazones, de Rubens ; gravé par Vostermann.

DEUXIÈME DIVISION.

Peinture et Sculpture modernes.

APPERT, Angers.

418. Une fête de Néron.
419. Portrait des deux enfans B. L.
420. Portrait de l'Auteur.
421. Portrait de M.lle A. ; pastel.

BIBARD, Angers.

422. La ville de Rhodes ; dessin à la plume.

CATHELINEAU, Tours.

423. Ecce homo.
424. S.t–Marc évangeliste.
425. Etude de dragon.
426. Deux têtes d'étude de jeunes filles.
427. Un intérieur de cave ; d'après nature, pris
à Montrichard.
428. Ermite faisant la cuisine.
429. Moulin à eau; d'après nature.
430. Un intérieur de cuisine, basse Normandie;
d'après nature.
431. Etude au pastel de la citadelle du château
de Loches, d'après nature; pastel.
432. Jeune femme étudiant le blazon ; pastel.

CHOCARNE.

433. Portrait de M.lle Maxime, artiste du théâtre Francais ; pastel.
434. Portrait de la même ; dessin à la mine de plomb.

DÉVERIA (Eugène), Paris.

435. Portrait de M.me J.; dessin.

M. GERNON. (E. de)

436. Paysage, bords d'une rivière.

HAWKE.

437. Cathédrale de Strasbourg; aquarelle.
438. Eglise de la Trinité d'Angers; id.
439. La tour de Saint-Aubin d'Angers; id.
440. La place Sainte — Croix, et le Bouffé à Nantes ; dessin à la plume.
441. La maison des enfants nantais ; id.

JOULAIN, Angers.

442. Buste de M. Sourisse.
443. Médaillon de MM.
444. Id. de M. B.
445. Id. de M. L.
446. Id. de M. P.

LEBE–GIGUN.

447. Château d'Ecouen; gravure exposée au Louvre en 1810.

448. Chapiteau ionique; étude de perspective
et de gravure.
449. Feu de joie; lithographie d'après Cicéri

NERBONNE (Henri de.)

450. Vue prise le soir, au Mont—Cimino
près Viterbe (Italie).

SOCIÉTÉ DE NUMISMATIQUE.

451. Portrait du roi; gravure.
(Propriété de M. Lebe-Gigun.)

Nota. Les numeros d'ordre sont posés à l'extrémité supérieure et à la gauche des objets. En cas de double numérotage, il faut s'attacher de préférence aux chiffres dont l'impression est sur fond blanc.

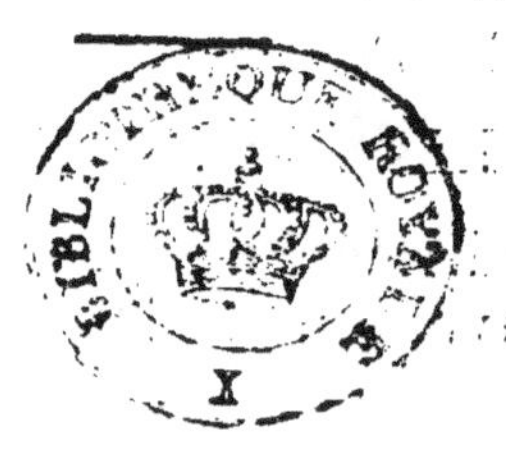

www.ingramcontent.com/pod-product-compliance
Lightning Source LLC
LaVergne TN
LVHW050641060726
842527LV00004B/1409